Andreas Herteux

Kunst als Interpretation des Gewohnten

Gedichte und Aphorismen

FSC
www.fsc.org
MIX
Papier aus verantwortungsvollen Quellen
Paper from responsible sources
FSC® C105338

Erschienen im Erich von Werner Verlag

Kunst als Interpretation des Gewohnten

Gedichte und Aphorismen

1. Auflage 2022

ISBN-Paperback: 9783948621698

ISBN-E-Book: 9783948621988

Inhalt

Vorgedanken

Sind Gedichte und Aphorismen Kunst? Oder nur ein Nebenprodukt der Zivilisation, vielleicht noch der Kultur? Nun, Zivilisation ist die Etablierung des Gewohnten. Kultur ist die Identifikation mit dem Gewohnten und Kunst ist die individuelle Interpretation des Gewohnten. Schon aus diesem banalen Grund erscheint es unmöglich zu sein, die eingehende Frage zu beantworten, denn letztendlich ist es allein die eigene Wahrnehmung, die eine Folge von Buchstaben erhebt oder keine Bedeutung zugesteht.

Aus diesem Blickwinkel sollten auch die vorliegenden Gedichte und Aphorismen betrachtet werden. Alles lässt sich deuten, wenn es einen Widerhall im Menschen erzeugt. Der Autor mag nun in diesem Prozess einen Ausgang präferieren, er hat ihn aber nicht vorzugeben, sondern muss ihn schlicht hinnehmen.

Im Besonderen bei den Aphorismen ist derartiges herauszustellen, denn grundsätzlich stellt sich für den Schöpfer der Gedanken immer die Frage, ob die Niederschrift derselbigen nach einer gewissen Ordnung, beispielsweise durch eine Einteilung in Kategorien, erfolgen sollte, oder ob er die Interpretation, ohne größere Bezugshilfe, dem jeweiligen Leser überlassen möchte. So auch hier. Die Tendenz ging lange Zeit zu einer Kategorisierung. Das erwies sich allerdings als wenig sinnvoll, denn schließlich leben wir in einer Zeit, in der kurze Lebensweisheiten durchaus wieder an Popularität gewonnen haben und sich einer gewissen Beliebtheit in den neuen Medien erfreuen. Da sich auch manches vorliegende Wort, als Nebenprodukt anderer Publikation, dort bereits verbreitet und seine individuelle Auslegung gefunden hat, erscheint es wenig sinnvoll, der freien Interpretation nachträglich Ketten anzulegen. Keine Kunst ist größer als die des Einzelnen. Keine gewaltiger als die individuelle Interpretation.

Das soll auch für die Gedichte gelten, die sich aber naturgemäß näher einem Themengebiet zuordnen lassen: Bei diesen sei noch erwähnt, dass sie fast ausschließlich aus einer Schaffensperiode stammen, die nunmehr vor 25 Jahren begonnen hat. Sprachliche Spielereien eines jungen Menschen, bei denen es kein großes Bemühen um Veröffentlichung gab.

Verwendet wurden sie - teilweise und viel später - für einige belletristische Veröffentlichungen. Von diesen sickerten einige der Kreationen in die Weiten des Virtuellen und fanden dort eine erste Verbreitung und gelegentliche Übernahme.

Was die vorliegenden Gedichte und Aphorismen nun darstellen? Sind sie nun Kunst, weil sie aufgegriffen werden und waren sie zuvor keine? Wer vermag es zu sagen, denn Kunst ist, wie wir bereits wissen, nur die individuelle Interpretation des Gewohnten.

Andreas Herteux

Aphorismen

Mit den Nerven ist es wie mit einem unwillkommenen Gast, der genau in der Stunde erscheint, in der es am unpassendsten ist.

Nur weil niemand die eigenen Taten würdigt, sind diese doch nicht weniger bewundernswert.

Es ist bemerkenswert, wie unser Geist uns oft von dem ablenken möchte, über das es sich am meisten nachdenken lohnen würde: von uns selbst.

Die Furcht vor der Tiefe ist die Furcht vor sich selbst und zutiefst menschlich.

Verändern setzt immer ein umfassendes Verstehen voraus.

Ein Turm, der bis in den Himmel reichen will, sollte ein solides Fundament haben.

Umso komplexer die Realität, desto einfacher das Wegschauen.

Die Gelegenheiten für wahres Heldentum sind gemeinhin selten.

Mit der Hoffnung ist es so eine Sache. Einer aufblühenden Pflanze gleich, ist das Verkümmern und Eingehen nicht weit.

Was zählen Kollateralschäden auf dem Weg zur Veredelung?

In Zeiten der Veränderungen erwachen mehr Helden als in allen anderen Perioden, denn ihr Heldentum ist erstmals wirklich von Nöten und wird nicht vom Bestehenden kleingehalten und unterdrückt.

Wenn sonst nichts bleibt, wird der Glaube stärker, nicht schwächer.

Die Menschen waren einst in Massen einfältig. Dass sie es nun nur noch jeder für sich sein können, empfinden sie als Fortschritt.

Was einige als Menschenfeindlichkeit betrachten, ist oft nur schlichte Gewohnheit.

Lieber ein einziges Mal lebendig sein, als ewig erstarrt dem Leben nur zuzusehen.

So wie ein Schneemann weiß, dass er ein Kältegefühl besser nicht am offenen Feuer bekämpfen sollte, so weiß auch der Mensch, dass so manches unglücklich enden wird.

Ohne die Natur ist der Mensch nicht vorstellbar, denn dazu fehlt es auch an Fantasie.

Übertriebene Ehrfurcht vor den eigenen Möglichkeiten ist keine Demut, sondern für die Entfaltung schlicht hinderlich.

Die Geschichte zeigt, dass der Mensch bereits ist alles zu glauben, solange es sich nur auf eine angenehme Art und Weise im Inneren anfühlt.

Der Mensch an sich drängt und strebt immer in Richtung einer, von ihm niemals zu erreichenden, Perfektion.

Der Mensch handelt (oder handelt nicht), um einen persönlichen Idealzustand zu erreichen oder zu konservieren.

Mensch sein heißt Welten sein? In der Regel ist man bereits mit einer einzigen Aufführung haltlos überfordert.

Wer den klassischen Menschen als Mittelpunkt seines Denkens wählt, muss zwangsläufig am Ende wieder bei ihm landen.

Mag es auch viele unzählige Welten geben; mögen auch Hunderte Theaterstücke auf der Bühne aufgeführt werden – für die klagenden Zuschauer wird stets das Schlechtmöglichste präsentiert.

Wenn das Menschsein alles ist, wozu braucht man dann das Elysium?

Warum, warum nur laufen die wahrhaft interessanten Geschichten immer auf einem anderen Kanal?

Es ist völlig ohne Bedeutung, wie sich der Mensch die Welt erklärt; fest steht nur, dass er dieses muss.

Der Mensch ist kein Ausgangspunkt, sondern nur eine Fantasterei unter vielen.

Selbst, wenn es gelingen sollte, die Grundbedürfnisse aller armen Menschen zu stillen, so ist und bleibt es doch ihr gutes Recht, weitaus mehr zu verlangen.

Bedürfnisbefriedigung ist Menschenrecht.

Man kann den Menschen nicht erklären, wenn man ihn nicht verstehen möchte

Der Mensch kann sich nichts Größeres vorstellen als Gott? Um der Himmel willen, der Mensch muss wahrlich klein sein!

Zivilisation ist die Etablierung des Gewohnten.

Kultur ist die Identifikation mit dem Gewohnten.

Kunst ist die individuelle Interpretation des Gewohnten.

Die Zeit macht aus dem Fremden das Bewährte und Altbekannte.

Freiheit bedeutet, die Möglichkeit zu haben, etwas zu tun. Die Freiheit geht daher bereits dann verloren, wenn eine Möglichkeit genommen wird, die man nie wahrnehmen wollte.

Wer in die Zukunft schaut, sollte niemals in Extremen denken, denn die kommende Realität wird immer dazwischen zu finden sein.

Wirkliche Freiheit beinhandelt auch immer gewisse Anteile von Blindheit und Ignoranz.

Probleme von denen lösen zu lassen, die sie entweder verursacht oder ihre Entstehung ignoriert oder gar nicht ausreichend erkannt haben, scheint ein Merkmal der heutigen Zeit zu sein.

Zumeist ist es keine gute Idee, auf jene zu hören, die erklären, dass das gerade erfundene Rad unnötig, da nicht schön anzusehen wäre.

Nur unsichere Macht braucht das Mittel der Verneblung zum Selbsterhalt.

Jeder Lösungsansatz muss die bestehenden Kräfteverhältnisse berücksichtigen.

Nicht der, der die Wahrheit spricht herrscht, sondern der, der die richtigen Reize zur rechten Zeit setzt.

Wer sich vor der angeblichen Komplexität der Welt fürchtet, sollte keine Verantwortung tragen und wenn er es doch tut, ist ihm die Last so schnell als möglich zu nehmen.

Werte waren in der Geschichte des Kapitalismus weder ein Produktionsmittel noch ein Produktionsfaktor. Sie werden von alleine auch keine werden.

Aus der Geschichte zu lernen ist schwierig, da niemals wieder die gleichen Bedingungen herrschen, allerdings kann sie durchaus inspirierend sein, eigene Gedanken zu entwickeln.

Der Gedanke, Gesetzmäßigkeiten in der Geschichte zu erkennen, ist ein verführerischer und manch großer Geist ist ihm erlegen.

Der Beginn einer Phase der Veränderung wird selten erkannt und dann meist zu spät.

Der Versuch auf Veränderungen aufmerksam zu machen, mündet oft in Abstraktion, die zwar den Kopf, aber zu selten die Herzen der Menschen erreicht.

Ohne das Gefühl folgt aber in der Regel keine Handlung und so scheitern viele logische Warnungen und Empfehlungen schlicht daran, dass sie nur den Verstand angesprochen haben.

Wenn das Spiel nicht zu gewinnen ist, dann ist ein Ändern der Spielregeln der bessere Weg zum Sieg.

Selbst, wenn die Flut das Haus nicht erreicht, beeinflusst das nahe Meer doch das Leben.

Gesellschaften meinen vielleicht den Zeitenwandel ignorieren zu können. Er wird sie aber nicht ignorieren, sondern verändern.

Alle haben ureigene Interessen und geben sie nicht für das Gemeinwohl auf.

Lösungsansätze, die einen Nullpunkt benötigen, sind zu verwerfen.

Die stetige Bewegung erhöht die Hoffnung, nicht überholt zu werden.

Wer aber in den zentralen Momenten der Geschichte nicht handelt, wird auf eine neue Möglichkeit warten müssen.

Der zentrale Fehler im Umgang mit Risiken der Umwelt ist es, diese isoliert zu betrachten und lösen zu wollen.

Für Utopien lässt der Zeitenwandel keinen Spielraum.

Keine Kunst ist größer als die individuelle Interpretation des Einzelnen.

Etwas zu verändern, wird viel leichter, wenn man den Grund für die Notwendigkeit der Veränderung auch verstanden hat.

Es ist verständlich, sich in dieser so komplizierten Welt, auf einfache Botschaften und Teilbereiche zurückzuziehen, diese für absolut zu erklären und den Rest auszublenden. Zutiefst menschlich, aber am Ende doch fatal.

Die Zukunft ist noch nicht geschrieben, wenngleich die Weichen auch gestellt sein mögen.

Die Zukunft gehört dem Homo stimulus!

Der Gedanke, dass die Kausalität in großen Teilen in einem vollkommenen kollektiven Individualismus am Ende verloren geht, ist damit keinesfalls abwegig, sondern sogar wahrscheinlich.

Umso vollkommener der kollektive Individualismus, desto weniger Bedarf gibt es an Zusammenhängen, da immer die momentane Bedürfnisbefriedigung im Mittelpunkt stehen wird.

Es könnte eine Zukunft geben, in der Kausalität für viele eine untergeordnete und für noch viel mehr gar keine Rolle mehr spielen wird.

Das Verhalten ist heute ein zentraler Produktionsfaktor für den klassischen sowie den Finanzkapitalismus und ergänzt Arbeit, Boden und Kapital.

Der Kapitalismus kennt heute drei Spielarten: klassischen Kapitalismus, Finanzkapitalismus und Verhaltenskapitalismus. Der erste wurde verstanden, aber nie überwunden, der zweite wurde nie wirklich begriffen und dadurch gestützt und vom dritten gibt es oft noch nicht einmal eine Ahnung.

Der Kapitalismus ist eine dynamische Kraft, die Wirtschaft, Staat, Produktionsmittel und Gesellschaft auf die Erzeugung eines Mehrwertes ausrichtet, die keine Rücksicht auf dessen Produzenten und/oder Produktionsmittel nimmt.

Die bisherigen Versuche den Kapitalismus zu bändigen oder abzumildern, waren und sind immer ein Prozess die Umgebung an ihn anzupassen.

Kein Untergang ist zwangsläufig, nur der Zeitenwandel ist es

Überlässt man daher das Schicksal Zufall oder Glück, wird jeder Politiker zur teuren Überflüssigkeit, die dringender Einsparung bedarf.

Die beste Strategie, das Schiff im Sturm über Wasser zu halten, kann scheitern, aber ohne Plan, ist der Fortgang der Ereignisse nicht mehr in eigener Hand.

Die Aufgabe des Staatsmannes ist es daher in guten Zeiten die stetige Überprüfung des eigenen Status und die Entwicklung von Strategien. In schlechten Zeiten die Umsetzung der Pläne, die zur jeweiligen Situation auch passen.

So wie der Schrank einer Dame mit mannigfaltiger Kleidung für die jeweils passende Gelegenheit gefüllt ist, so muss das Portfolio des Staatsmannes für jede Situation eine Strategie enthalten. Besitzt er ein derartiges nicht, so ist er für seine Position ungeeignet.

Die Verknüpfung der Identität der Menschen mit den Folgen unvermeidbarer Veränderungen ist das Meisterwerk der Politik.

Der Abstieg von Nationen ist keine Zwangsläufigkeit, sondern eine Aneinanderreihung von Fehlern und Versäumnissen nach innen und außen.

Eine wachsame und reflektierende Nation kann die Zeiten überdauern; sie muss sich nur rechtzeitig vom Hinderlichen lösen, den Kern einer Identität behalten und darf keine Furcht vor dem Neuen haben.

Der Respekt wird größer, wenn man sich die nähernde Flutwelle nicht als die Summe einzelner Wassertröpfchen begreift, sondern als wuchtige Einheit.

Die Wirtschaft ist das Fundament des Wohlstandes und die wirksamste Triebfeder, um den Lauf der Dinge zum Besseren zuwenden.

Imperien, Staaten, Bünde oder Kulturen müssen nicht zwangsläufig untergehen, sie müssen lediglich akzeptieren, dass es immer wieder Zeiten des Wandels geben wird, in denen sie ihre ganze Stärke brauchen werden.

Es gibt kein Naturgesetz, das einer jeden Macht das Verwelken bringt und auch keine Zyklen, wie sie manch Kulturpessimist erkannt haben mag. Vielmehr ist es wohl schlicht dem Menschen eigen, sich nicht dem Niedergang entgegenzustemmen, sondern den Untergang stattdessen als zwangsläufige Totenfeier zu inszenieren.

Ignorieren löst nur die Probleme, die keine sind. Alle anderen werden sich zeitig in Erinnerung rufen.

Ambitioniert? Vielleicht. Die Möglichkeit zu scheitern? Groß. Notwendig? Absolut und deswegen jeden Versuch wert

Man wähnt sich am Ende der Geschichte und der Gedanke, dass die Dominanz des Westens enden könnte, ist mehr Salongespräch, denn ernsthaft diskutierte Erwägung.

Doch erst bröckelt der Putz, dann fallen die Mauern und am Ende bleiben von einem einst stolzen Gebäude nur die Ruinen.

Schweigen aus temporärem Eigennutz erweist sich am Ende regelmäßig als Zukunftssuizid.

Eine neue Zeit braucht neue Ideen. Oder zumindest passende.

Eine gute Idee wird oft deswegen verkannt, weil die Dringlichkeit ihrer Umsetzung nicht erkannt wird.

Die Umsetzung der Idee einer besseren Welt scheitern in der Regel nicht an der Reinheit des Gedankens, sondern am Menschen.

Idealismus ist gelegentlich der Blick in die Zukunft, oft aber auch nur schlichte Blindheit

Der Fluss wird alle mitreißen; wir können versuchen das eigene Überleben durch aktives Schwimmen zu sichern oder aber passiv darauf hoffen, am Ende glücklich an Land gespült zu werden.

Was gestern nur ein Defizit bekämpft, kann morgen der Optimierung dienen.

Das Streben nach dem Ideal ist das Grundprinzip der Existenz selbst.

Es ist nicht möglich, sich dem Grundprinzip, dem Streben nach Veredelung, zu entziehen.

Ein kollektiver Individualismus umfasst immer eine Gruppe von Individuen, deren Bedürfnisse jeweils scheinbar individuell, unabhängig von Dritten und genau auf das einzelne Lebewesen abgestimmt, erfüllt werden, und doch nach allgemeinen, kollektiven Regeln geschieht.

Wir können lediglich einen Aspekt heller leuchten lassen, aber niemals das Gesamte komplett ausblenden.

Untere kollektiven Individualismus wird ein Individualismus verstanden, bei dem das Individuum so eingebettet wird, dass die individuelle Selbstentfaltung innerhalb eines nicht oder kaum sichtbaren Rahmens erfolgen kann.

Wenn der Wandel an die Türe klopft, bleibt die Welt da draußen auch dann nicht gleich, wenn man die Tore geschlossen hält.

Nach Wahrheit und Wahrhaftigkeit streben alle – zumindest so lange, bis das Gefundene nicht mehr zum persönlichen Selbstbild passt.

Liebe ist es wohl dann, wenn man nicht mehr darüber nachdenkt, ob sie es ist, sondern schlicht nur fühlt.

Und trotzdem waren und sind alle Ideen wichtig, denn gerade in ihren Irrtümern erwachsen oft stärkere und bessere Gedanken.

Umso selbstverständlicher eine Sache wird, umso weniger interessiert die Tiefe.

Widersprüche werden lediglich aus einem Mangel an Vorstellungskraft geboren.

Gut und Böse existieren nicht. Es gibt nur Interessen.

Manchmal bringt ein einzelner Blick eine größere Erkenntnis als ein lebenslanges Übersehen.

Nur eine starke Hand kann eine schwache führen.

Etwas abzulehnen, weil es den Hauch des Kommerziellen trägt, obwohl aus ihm wichtige Erkenntnisse gewonnen werden könnten, ist im besten Fall törichte Eitelkeit, im schlimmsten Fall der Auftakt zum eigenen Untergang.

Es kann keinen Willen geben, der sich gegen den Strom richtet, denn der Wille ist Teil des Stroms.

Mit entsprechender Stärke verhandelt es sich wesentlich leichter.

Die Wirklichkeit, die man zu sehen glaubt, ist oft nur ein schwacher Abglanz der Vergangenheit, die oft mehr von den eigenen Erinnerungen, denn von den Realitäten getragen wird.

Das grelle Licht einer Erkenntnis kann auch blenden und damit in Wirklichkeit blind machen.

Frei ist ein Wille dann, wenn er in seiner Wirkung alle Einschränkungen ausblenden kann. Nur ohne Gedanken ist man frei.

Der eine Drang, der den Ausschnitt erklären will, aber doch an der mangelnden Perfektion scheitert, schafft die Welten.

Die Annäherung an die Perfektion findet immer statt. Sie ist der Weltenantrieb.

Kritik ist eine wichtige Voraussetzung für den Fortschritt.

Am Anfang steht die Theorie; die Wahrnehmung und damit letztendlich die Empirie. Letztere stürzt den Gedanken oder wird ihn festigen.

Umso genauer die Betrachtung, desto mehr wirft auch selbstverständliches Fragen auf.

Diejenigen, die stets geschichtliche Parallelen suchen und als Erklärungsmuster missbrauchen, werden auch stets dazu neigen, Lösungen von gestern für die Probleme von heute und morgen zu akzeptieren, anzuwenden und am Ende an ihnen scheitern.

Nur Ausblendung schafft Vergleichbarkeit.

Nur eine Vergewaltigung der Realität, oft getragen von ideologischer Verblendung und persönlicher Eitelkeit, schafft angeblich historische, sich wiederholende Gesetzmäßigkeiten.

Je tiefer das Eintauchen, desto getrübter die Sicht.

Die Wahrnehmung des Menschen gleicht der eines Kindes, das, nur mit einer Kerze in der Hand, einen dunklen Raum betritt. Der Schein der Kerze erhellt immer nur einen Teil des Raumes und das Kind kann demnach auch diesen immer nur begrenzt wahrnehmen. Jede Wahrnehmung wird im Bewusstsein des Kindes zu einer eigenen Wirklichkeit. Mal werden die Schatten zu schrecklichen Monstern, mal erschreckt ein Geräusch aus der Dunkelheit. Das Licht der Kerze wird aber nie hell genug sein, um den ganzen Raum zu erhellen und die Wirklichkeit zu erkennen.

Was ist Materialismus mehr als ein Zufriedengeben mit der erstbesten Wahrnehmung einer potentiellen Befriedigung eigener Bedürfnisse?

Der Weltenantrieb ist ein reißender Fluss, gegen den kein Widerstand möglich ist.

Jede Bewegung, jeder Gedanke - kurz; alles rund um das Leben des Klassikers, ist eine Manifestation des Urtriebes.

Der eine Drang zwingt zur Handlung? Widerlegt man diesen Gedanken nicht, indem man einfach nichts tut? Nein, denn man tut doch etwas: Nichts!

Jeder Gedanke findet sich in irgendeiner Wirklichkeit wieder - doch selten in derjenigen, mit der ich mich gerade wieder einmal identifiziere.

Das eigentlich Geniale am einen Drange ist nicht, wie er die weltliche Hymne komponiert, sondern vielmehr, wie er es geschafft hat, dass die schrägen Töne bei der Generalprobe nur selten zu hören sind.

Die Akzeptanz des Neuen fällt leichter, wenn der Ausgangspunkt das Vertraute ist.

Es gibt keinen Gedanken und keinen Bereich des Lebens, der nicht das Tor für Fanatismus und ideologische Verblendung öffnet.

Nur der gegenseitige Respekt macht aus Verschiedenheit Bereicherung.

Gewaltige Umwälzungen erwarten uns und noch können wir entscheiden, ob wir diese selbst gestalten oder uns aber schlicht, in der Hoffnung keinen Schiffbruch zu erleiden, im Meer des Wandels treiben lassen.

Wenn die Wahrheit in aller Deutlichkeit hervortritt, hilft der Spott in der Regel mehr als das Argument.

Der gerade Weg sei das Ziel und die ausgetretenen, umständlichen und niemals zum Ende führenden Pfade sollen ignoriert werden.

Eine Naturgewalt interessiert sich nicht für kleinliche Interessen oder Zweifel. Sie wirkt und Rücksicht kennt sie nicht.

Die Welle des Wandels nähert sich und ohne entsprechende Ambition ist keine Steuerung der kommenden Veränderung möglich.

Die Flut reißt alles hinfort, auch die Ambitionslosen und Besitzstandsverwalter.

Wenn die morschen Planken die Last nicht mehr tragen, bedarf es schlicht neuer

Es ist ratsam, den Gastgeber zu kennen, bei dem man sich einzuladen gedenkt

Die Erkenntnis, dass es den alten Wähler nicht mehr gibt, bedeutet am Ende nicht, dass man den neuen für sich gewinnt.

Der Mangel an einer vollkommenen Wahrnehmung führt zu einer eingeschränkten Weltenerklärung und schafft damit die individuelle Realität.

Es gibt nichts zu entdecken, nichts zu erfinden, einzig und alleine eine sich wandelnde Wahrnehmung.

Die Umwelt begrenzt oft die Fantasie.

Es genügt daher nicht etwas Richtiges zu benennen, sondern es ist zugleich nötig, das Falsche zu verwerfen.

Wenn der erste Eindruck falsch ist, beschämt oft der Zweite.

Was ich wahrnehme, wird Wirklichkeit

Veränderung begreift der Mensch in der Regel erst dann, wenn sie bereits unwiderruflich verankert sind.

Umso genauer wir sinnieren, umso mehr Beispiele werden wir dafür finden, dass etwas, was sich scheinbar klar definiert, am Ende nur eine Verankerung im Kopf ist, die wir nur nie hinterfragt haben.

Man mag sich einige Momente gegen den reißenden Strom erwehren. Am Ende reißt er dennoch alles hinfort.

Die Fantasie wird dann lebendig, wenn sie in die Wirklichkeit dringen kann.

Wer meint, sich während des Laufes des Lebens ausruhen zu können, darf sich nicht wundern, wenn er überholt wird.

Zwischen zwei Ufern eines Meeres ist viel Wasser.

Wer keine Perspektiven hat, wird sie sich suchen.

Die Natur schreibt die Weltgeschichte stets mit.

Die Kunst sich in einer vernetzten Welt abschotten, muss erst noch erfunden werden.

Keine Maschine kann produktiv sein, wenn die Summe ihrer Teile sich stetig in Disharmonie befindet.

Krisen sind stets auch schöpferisch.

Gewaltigen Kräften kann man sich ergeben, dann erliegt man ihrer Willkür. Man kann sich ihnen entgegenstellen, vielleicht ist das Zerbrechen die Folge oder aber man leitet ihre Kraft um und nutzt sie für die eigenen Zwecke.

Es blüht zwar nichts ewig, aber die Wurzeln sind keinesfalls einfach auszurotten.

Mit der Wissenschaft verhält es sich gelegentlich wie mit der Kunst; wissenschaftlich oder künstlerisch wird manches, wenn ein Einfluss es dazu erklärt.

Grundsätzlich ist es immer schwierig etwas zu finden, was letztendlich die Basis einer Kultur beschreibt und wenn es denn gefunden ist, so wird es immer kritisierbar sein.

Der Gedanken des zwangsläufigen Untergangs einer Kultur, ist schlichter Pessimismus ohne Wert und Substanz.

In dem Moment, in dem der Gesamtkomplex aus den Augen verloren wird und die Konzentration auf einen Teilaspekt erfolgt, ist die Gefahr der Ideologisierung hoch.

Ideologisierung kann helfen die guten Ziele energischer zu verflogen, sie kann aber auch dazu führen, dass sie gar gänzlich aus den Augen verloren werden.

Hinter jeder noch so geschwundener Freiheit steht ein theoretisches Ideal, das jederzeit wiederbelebbar ist und die Realität verändern kann. Hinter der Macht der Autorität steht nur die Autorität. Darum wähle man weise.

Das Ideal der Freiheit lässt es zu, die Art ihrer angeblichen Verwirklichung zu hinterfragen. Also sollten wir das auch tun.

Wen wir einst um den Westen trauern sollten, dann sollten wir das nicht, weil er moralisch besser gewesen wäre, das war er nie. Nein, wir sollten das Dahinscheiden bedauern, weil er moralisch hätte besser sein können.

Wozu man einen Gott braucht? Nun, alleine wegen des Mangels an Selbstbewusstsein.

Der Weltenwille ist auch dann noch das alles verzehrende Feuer, wenn der Klassiker längst ausgebrannt ist.

Wer an der Kraft des einen Strebens zweifelt, soll sich in einen reißenden Fluss stürzen und versuchen, sich der Urkraft der Strömung zu widersetzen.

Werde ich kritisiert, so führe ich letztendlich ein Selbstgespräch, amüsiere mich aber zugleich köstlich über die zwei unterhaltsamen Streitköpfe.

Ist es nicht lächerlich zu behaupten, dass der verwöhnte und gerissene Geschäftsmann in einer anderen Wirklichkeit ein erfolgloser Wicht ist?

Sinnlos wird das Leben nur, wenn die Identifikation überhandnimmt.

Gedichte

Winterpracht

Weiße Flocken von dort oben,
Tausendfache glitzernd Pracht,
feiernd sie das Leben loben,
weit klingend in der Winternacht.

Zarte Wesen aus den Sphären,
zurückgekehrte liebend' Seelen,
fröhlich sie den Himmel ehren,
laut singend aus den vielen Kehlen.

Schöne Funken zwischen Sternen,
mehr als nasser, kalter Schnee,
will von euch das Sein erlernen,
bevor auch ich alsbald vergeh'.

Herbstgedanken

Graue Wolken, Regenwetter,
vom Wind gequälte treibend Blätter.
Vogelscharen, leere Felder,
kahl, ohne Kleid die vielen Wälder.
Trübsinn, wirre Trauer,
Nebel macht die Welt viel rauer.
Doch auch Pfützen, Drachen,
unbekümmert heit're Kinderlachen.
Früchte, bunte Farben -
langsam schließen sich die tiefsten
Narben.
Wärmen, sich einander halten,
liebend schützen vor dem kommend
Kalten.
Ein stilles Vergehen im farbigen Reich,
traurig und schön ist der Herbst
zugleich.

Blumen im Winter

Blumen im Winter
sind selten und rar.
Nicht der Kälte Kinder
und doch sind sie da.

Lichter im Dunkel,
wie kostbar, wie klar.
In den Augen ein Funkeln,
als Retter sind sie da.

Lachen trotz Sorgen
ist traurig, doch wahr.
Nur Bangen um's Morgen,
zum Glück ist es da.

Liebe wider den Zwängen,
wird schöner, so nah.
Entzogen den Fängen,
wie schnell ist sie da.

Gold in den Herzen,
nur tief man es sah.
Platz auch für Schmerzen,
irgendwo ist es da.

Sterben im Leben –
nicht selten, nicht rar.
Nur unnützes Streben,
bin ich nicht schon da?

Abschied

Und die Augen erloschen,

während Hand ruht in Hand.

Jede tiefe Träne vergossen,

am Tag als das Licht entschwand.

Diese Augen; so groß und klar,

der Funke stetig glimmt.

So weich, vertraut das Haar,

bis das Schicksal alles nimmt.

Verwelken spiegelt sich in meinen Augen.

Grausames Vergehen; Stück für Stück.

Ungebrochenen Willen kann niemand rauben,

Deine Stärke bleibt ewig zurück.

Und die Augen erloschen,

während Hand ruht in Hand.

Jede Träne vergossen,

vor Glück, weil ich Dich gekannt.

Denk ich an die Zukunft in der Nacht

Denk ich an die Zukunft in der
Nacht,
der Unmut in mir schnell erwacht.
Er verfolgt mich auch am Tage,
wenn ich den Gedanken wage.

So sehr ich die Welt verändern will,
so steht sie doch nie, niemals still,
und dreht sich weiter in dem ihren
Lauf.
Wann nur, wann hören diese Sorgen
auf?

Was nur machen, was nur tun?
Keine Zeit sich auszuruhen!
Eine kleine Stimme allein?
Die kann niemals wichtig sein!

So beschränkt man sich auf's Klagen,
lässt den Unmut am Gemüte nagen,
nimmt ihn mit in dunkle Nacht
und wird dann um den Schlaf
gebracht.

Liebe

Warm wie ein Sonnenstrahl,
ausgeliefert ohne Wahl.
Schön wie ein Blumenmeer,
trampelnd, unruhig Magenheer.
Launisch wie ein Wettergott,
Angst vorm schleichend Tagestrott.
Grausam wie ein Folterknecht,
verbittert' Streben nach dem Recht.
Bezaubernd wie ein Engelchor,
Himmelspfort' gleich Höllentor.
Stark wie ein Titan,
Lustempfinden, kranker Wahn.
Glücklich wie die Kindeszeit,
bange Furcht vorm großen Leid.
Stetig weiter in die Höhn,
Liebe ist so seltsam schön.

Gelenkt von unsichtbaren Händen

Gelenkt von unsichtbaren Händen,
ein Leben in stets gleichen Bahnen.
Ohne dass sie etwas ahnen,
umgeben von Gedankenwänden.

Nichts Anderes ist mehr vorstellbar,
eingebranntes falsches Wollen,
nur denken, was sie denken sollen,
traurig, aber doch so wahr.

Langer Weg zur Schlachtbank hin,
nicht erwacht aus tiefstem Schlaf.
Niemals mehr als braves Schaf,
verschenkt das Leben, ohne Sinn.

Augen in der Dunkelheit

Sah zwei Lichter in der Dunkelheit,
unendlich schön, unendlich weit.
Wollt' sie ergreifen mit der meinen
Hand,
ohn' rechten Sinn, ohne Verstand.

Was wohl des Lichtes Ursprung war?
Gold, Silber oder Diamanten gar?
Die Enttäuschung, die war riesengroß,
die Lichter: kein Gold, kein Geld – zwei
Augen bloß.

Traurig ich in die Augen sah.
weiß bis heute nicht, was da geschah,
vergaß mich, vergaß die Zeit.
Jetzt sind es vier Augen in der Ewigkeit.

Unendliche Liebe

Solange die Sterne am Himmel steh'n,
und nicht beschließen fortzugeh'n,
solange Planeten ihre Kreise zieh'n,
und nicht vor dem Chaos flieh'n,
solange ein Kind die Mutter kennt
und diese es beim Namen nennt,
solange das Kleinste sich noch teilt,
und Mitgefühl weiter unter uns weilt,
solange das Laub nach unten fällt,
und der Baum Teil einer schönen Welt,
solange die Vögel vorwärts fliegen,
solange werden wir uns lieben.

Verlangen der Liebe

Nicht mehr schlafen, nicht mehr essen,
nur noch träumen, nie vergessen.
Lautes Fordern, nur Verlangen,
rot die Ohren, heiß die Wangen.
Zitternd' Hände, banges Sein,
größte Angst: die vorm Allein.
Vertraute Nähe, Sicherheit,
wilde Lust, bloß wenig Zeit.
Treues Halten, lautes Lachen,
höher schweben, nicht erwachen.
Gemeinsam in das helle Licht,
wahre Liebe stirbt doch nicht.

Verlorenes Paradies

Unter einem Lindenbaum
hatt' ich einst den einen Traum:
nicht mehr länger an diesem Ort,
der Wind blies mich weit, weit fort,
bis in ein Land das Sella hieß –
es war das reinste Paradies.

Zwar gab es dort kein Silber, kein Gold,
dafür des totalen Glückes hold.
Nur glücklich war ich, dort zu sein,
nie, nie wollt ich zurück und heim.
Es gab dort nichts, doch hat ich alles,
die reinste Erfüllung eines jeden Falles.
War die Linde, war die Welt,
war die Menschen, war, was gefällt.
Nichts braucht ich mehr, war einfach da,
war alles, doch nie allein – wunderbar.

Doch plötzlich kam ein Wind daher,
er entzog mich dem so viel, viel mehr.
Ich erwachte aus dem wahren Traum
und saß verzweifelt unterm'
Lindenbaum.

Liebe in der Sommernacht

Im Zauber einer Sommernacht,
dem Freudenfeste ohne Klagen,
hab' ich nur an dich gedacht,
bereit, alles nun für uns zu wagen.

Der Sternenhimmel hell und klar,
es leuchtet weit die ganze Pracht,
er ist wie du, so wunderbar.
Glücklich, dem das Herz zulacht.

Gütig blickt der Mond herab,
alle Wolken weichen seinem Licht.
Zusammen singen Fuchs und Rab',
Trauer kennt man heute nicht.

Die eine Blume ewig blüht,
sie lässt die dunklen Schatten tanzen,
keine Sorge man mehr fühlt,
wenn wir sie in die Herzen pflanzen.

Die Liebe schafft bessere Welten
diese eine gehört nur uns allein.
Wahre Hingabe gibt es selten,
lass uns einfach glücklich sein.

<u>Gegangen</u>

Qualvolles Erwachen, Einsamkeit,
das Leichte wich den Sorgen.
Zur Trauer das schwarze Kleid,
unbedeutend ist der neue Morgen.

Entschwunden ist der eine Teil,
gegangen, für immer getrennt.
Das Schicksal trieb den Keil
in das, was man Liebe nennt.

Alles leer, wozu die Qual?
Was bleibt übrig ohne Dich?
Gestorbenes Leben und keine Wahl:
Helles Licht, so nimm auch mich.

Befreiung

Gesprengte Ketten, wahrer Traum,
nur ohne Gedanken ist man frei.
Einzig ich bestimme Zeit und Raum,
auf ›Nichts‹ ›Alles‹ die Antwort sei.

Ohne Gestern, Heute, Morgen
existiert man mehr als je zuvor.
Vorbei die Suche, fort die Sorgen,
Ich bin das Licht, ich bin das Tor.

Aus mir entstehen Welten,
doch sie sind bedeutungslos.
Wozu die Nieder'n schelten?
Ich bin immer mehr und groß.

Hass

Liebst Du die Welt, die Dich verlassen,
all die Menschen, die Dich hassen?
Haben andere einen Wert?
Nur Angst macht vor dem Fremden
kehrt!
Vertraust Du auf Dein starkes Blut?
Wie es kocht mit all der Wut!
Sind die fremden Götter schlechter?
Wer nur machte Dich zum Wächter?
Bist Du der, der andere hetzt,
sie verfolgt und sie verletzt?
Liebst Du die Welt, die Dich verlassen?
Sie liebt Dich nicht. Sie kann nur hassen!

Erkenntnis

Immer suchen, niemals finden,
unbekannt ist Weg und Ziel.
Langsam die Kräfte schwinden,
wollte alles, nichts und viel zu viel.

Rauschend die vielen Momente,
wie schnell ziehen sie vorbei.
Schon droht das nahe Ende
Vergehen, Tod – Verzweiflungsschrei.

Ungewisses Schaudern,
wie weit ist's noch zu gehen?
Verflucht sei mein Zaudern,
Hektisch sein, doch immer stehen.

Verpasst die offn'en Türen,
Die Freiheit, die war immer da,
nur Herzen in den Himmel führen,
einzig der eigen' Weg ist wahr.

Nun sich die Tore schließen,
Finsternis verdrängt das Licht,
meine letzten Tränen fließen,
Es ist Zeit für's Endgericht.

Falsche Götter, kranker Glaube
nehmen uns das inn're Kind.
Es bleibt nur vom toten Staube,
bald fortgeweht vom Schicksalswind.

Mondsüchtig

An jedem Morgen sterben,
verdrängt vom Tageslicht,
um alle Liebe werben,
überlebt das Dunkle nicht.
Tröster in ein jeder Nacht.
Helle in der Dunkelheit,
manches Paar so glücklich macht,
die traurig kurz Regentenzeit,
Sich in aller Still' erheben,
tief aus dem Totenreich,
zurück zum Himmel streben,
ganz den funkelnd' Kindern gleich.
Ewig Werden und Vergehen,
jeden Tag, niemals schwach.
Wozu verstehen?
Was versinkt, wird wieder wach!

Geburt

Noch im Mutterleib gefangen,
letzter Schutz vor'm Höllentor.
Der Elendstag kommt Morgen,
Kälte steht dem Kerker vor.

Von sanfter Hand getragen,
erblickt das eine Licht.
Den Schritt ins Leben wagen,
wie klar und schön die Sicht!

Hinfort das süße Schweben,
vorbei das einfach Sein.
Hier endet nun das Leben,
so hart, so kalt – Allein!

Vom Wind davon getrieben,
kleiner Funke aus dem Feuer.
Was noch wollen, wen noch lieben?
verloren, was einst lieb und teuer.

Vorbei das warme Glück,
wie ich auch schrei' und fauch'!
Kein Weg hinein, kein Weg zurück,
vorbei die Bequemlichkeit im
Mutterbauch.

Nicht noch ein Gedicht

Nicht noch ein Gedicht,
es gibt doch genug!
Immer die gleiche Sicht -
alles andere als klug!
Gähnende Langeweile
kommt beim Lesen auf.
Stets dieselben Reime,
das Übel nimmt seinen Lauf.
Die Blumen werden nicht bunter,
wenn man sie beschreibt.
Die Erdkugel nicht runder,
nicht mal in der Dichterjahreszeit.
Töricht verschenkte Herzen,
warum teilen wir sie?
Wer fragt nach den Schmerzen?
Und verstanden werden wir nie!

Jahreszeiten

Müdes Erwachen,
alles ist kalt.
Nur Stille, kein Lachen,
noch ist's trist im Wald.

Der erste Sonnenstrahl,
er bringt das Leben.
Weichen soll das Kahl,
die letzten Lider sich heben.

Der Morgen graut,
die weiße Deck' ist fast vergangen.
Das Gefängnis taut,
die Schläfer sind nicht mehr gefangen.

Vater Zeit zieht langsam weiter,
mit ihm kommen erste Blüten.
Das Getier ist frisch und heiter,
Frost und Sturm nicht länger wüten.

Der Wind trägt die Liebe,
sie durchdringt jeden Raum.
Alles erblüht - ein Hoch der Triebe.
Oh du schöner Frühlingstraum!

Mittagssonne, schöne Welt,
wohlig Wärme, der Himmel so blau,
schön ist, was dem Herzen gefällt,
So viel Gedeih' stellt sich zur Schau.

Länger sind die Tage,
bald kommt die Erntezeit.
Leben in ein jeder Lage,
Sommer - nun ist's soweit.

Glänzend warme Sonne,
bleib für immer hier.
Sei eine einzig' Wonne,
für jeden Mensch und all Getier.

Alles wird bunt,
der Himmel noch klar,
tut es allen kund:
Der Herbst ist da.

Blätter fallen,
die Farben entfliehen.
Frost lässt seine Stimme hallen
und die letzten Vögel ziehen.

Der Tag vergeht,
Müßiggang kommt in den Wald.
Keine Blum' mehr steht,
es wird bitter, bitter kalt.

Weißer Zauber ergreift die Lüfte,
bald sind alle Fluren bedeckt,
überall die Kuchendüfte,
kein Tier den Kopf mehr reckt.

Der Tag ist am Ende,
tiefster Winter, versunkenes Land.
Wo bleibt die Wende,
wo ist das Glück, das ich empfand?

Warten auf's Morgengrauen,
immer das gleiche Verlangen.
Kann man im Dunkeln sich trauen,
zu hoffen auf weniger farbige Wangen?

Müdes erwachen,
alles ist kalt.
Doch bald werd' ich wieder lachen,
dann ist's wieder Tag im Wald.

Sein

Hallo, mein lieber Sonnenschein,
lass uns einfach glücklich sein!
Willkommen Blumen mit bunter Pracht,
kommt singt mit mir und lacht!
Darf ich bitten, Frau Natur?
Ein Tanz mit Ihnen - Erlebnis pur!
Wolken, Tiere, Baum und Strauch -
und natürlich Menschen auch!
Heran ihr, Kinder, Mütter, Väter -
Was? Die Sterne kommen etwas später?
All ihr Wesen seid dabei
bei unsr'er frohen Feierei!
Nur ihr, ihr bleibt außen vor!
Sorgen? Nein! Schließt Tür und Tor!
Schickt sie weg! Lasst sie nicht ein!
Wie lange nicht? Für immer! Will ewig
glücklich sein!

Allein

So viele Menschen - und doch keiner da.
So viele Worte - welche sind nun wahr?
So viele Tränen - nur sind sie auch echt?
So viele Zeilen - aber was ist schon
Recht?
So viel Zeit - und auch wieder nicht!
So viel Dunkel - wie wenig Licht!
So viel Kälte - immer nur Winter.
So viel Macht - mit den Falschen
dahinter.
So viel Lachen - und doch kein Glück.
So viel Trauer - nichts kommt zurück!
So, ja so soll es wohl sein.
Ich fühl mich einsam, ich bin allein.

Ein Stein am Wegesrand

Seht euch an, ihr macht mir Sorgen!
Denkt nie an heut'- nur an Morgen.
Die Köpfe, die schlagt ihr euch ein:
Wieso nicht schlicht zufrieden sein?

Nichts muss ziehen, laufen, geh'n,
bleibt doch beim Schönsten einfach steh'n!
Wozu das Wollen, wozu das Streben?
Am End' zählt nur eins und das ist leben!

Ach was sag ich! Kenn' euch zu gut!
Seit vielen Jahren - ihr hattet nie den Mut!
Unsereins - von euch getreten!
Warum, wieso mit Narren reden?

Ich kann nicht atmen, nichts bewegen,
doch das Glück lässt fliegen, alles regen.
Nicht ich bin arm! Könnt ihr euch
freu'n?
Alle gleich! Erst zum End, zum Schluss
bereu'n!

Oh Natur, was für schrecklich'
Gestalten!
Wie sie könnten! Doch, wie sie walten!
Ein Drama! Begrenzt ist ihre Zeit!
Wisst ihr das nicht? Wann seid ihr
soweit?

Doch was kümmert mich die eure Not!
Ich lieg noch hier, bei eurem Tod!
Ihr seid Narren, das hab sogar ich
erkannt,
ich der Stein am Wegesrand.

Wir Menschen

Wir sind schwarz, weiß, gelb und braun;
allzu nett nur anzuschauen.
Finden uns so wunderbar -
alles andere lieber fern als nah.
Hassen, streiten, morden, lügen;
neiden, wollen, stehlen, uns betrügen.
Sind an Dummheit nicht zu übertreffen,
Hochmütig, doch können nur nachäffen.
Wir sind der Parasit, der Zerstörer,
unser Satan, trau'rger Weltverschwörer.
Wo wir sind, sind Turbulenzen.
Wer wir sind? - ach doch nur Menschen.

Endzeit

Wenn die Blätter schneller fallen,
der Himmel dunkel, die Schrei hallen,
wenn die Herzen sich verschließen,
auf der Welt sind nur noch Krisen,
wenn die Falschen haben Macht,
verdammt wird, wer noch nachgedacht,
wenn Religionen sich erheben,
anstatt Glauben Hass vergeben,
wenn die Hoffnung ist gegangen,
Liebe ist nur mehr Verlangen,
dann ist die traur`ge Endzeit da.
Das letzte Gericht, es wird so nah.
Wann diese Zeit kommt, wann die Sorgen?
An jedem neuen Morgen!

Leben

Sorgen, Ärger und Verbot.
Leid, Missgunst und auch Not.
Freude, lachen oder siegen.
Lieben, frei sein, vor Glück fliegen.
Alles das wird`s immer geben,
in einem jeden neuen Leben.

Rückblick

Als ich noch ein Junge war,
war alles leicht und sonnenklar.
Wenig später die Wut entbrannte,
wenn man mich noch Junge nannte.
In reif'ren Jahren ich dann ehrlich fand:
Sorgen sind des Lebens Pfand.
Jetzt im Alter seh ich`s ein,
ich möchte noch ein Junge sein.

Ja und nein

Ein Ja zum Lachen, ein Ja zum Weinen,
ein Ja zum Himmel, ein Ja zum Reinen.
Ein Nein zum Trott, ein Nein zum Tod,
ein Nein zum Stumpfsinn, ein Nein zur
Not.
Ein eiser'n Nein zum töricht' Streben.
Ein jubelnd' Ja zum wahren Leben.
Ein Ja zum Lieben, ein Ja zum Träumen,
ein Nein zum Zaudern, ein Nein zum
Säumen.
Ein Ja zum Fliegen, ein Ja zum Glauben,
ein Nein zu Dogmen, ein Nein zum
Rauben.
Ein hochjauchzend Ja zum glücklich
sein.
Fürs Dahinsiechen nur dieses: Niemals,
Nein!

Liebe ist, was es sein muss

Für die Schönste ein Herz,
für die Liebste einen Kuss,
Alles - nur keinen Schmerz,
Liebe ist, was es sein muss!

Für die Reinste einen blauen Himmel,
für die Beste einen Blumenstrauß.
Die Gefühle - ein einziges Gewimmel,
der Verstand - kurz vorm Garaus.

Bist Du die Schönste, Liebste, Reinste,
Beste?
Ja, Du bist es, doch fragen muss ich
Dich,
willst Du zum großen Liebesfeste
auch den einen, nämlich mich?

Vom Leben

Aus dem scheinbaren Chaos geboren,
sah ich das helle, warme Licht.
Zu was ich einst erkoren?
Bei den Himmeln - ich weiß es nicht!

Lasst mich die Schritte gehen
ungewiss das kommend' Sein.
Am End' wird eine Inschrift stehen,
doch dann ist alles schon im Rein.

Bis dahin will ich's schlicht wagen,
Den Weg zu finden durch das Leben.
Sollten sie mich auch alle jagen,
ich werde mich bestimmt niemals
ergeben

Die kurze Zeit gehört mir, nur mir
allein!
Finger weg ihr dreisten Gestalten!
Vielleicht bleibt auch das Gewissen
rein?
Ach, ich werde schon richtig walten.

Die Ballade von den Sorgen

Einst traf ich an dem nahen See,
eine bezaubernd' und gar schöne Fee.
Diese sprach: „Eins, zwei, drei -
einen Wunsch hast Du nun frei."
Lang überlegt ich, was sollt es nur sein?
Natürlich! Ein Leben ohne Sorgen wäre
fein!
Mein Blick ging in Richtung See.
Und was da glücklich schwimmend ich
da seh'?
" Oh Zauberin, wisch die Sorgen ab vom
Tisch!
Verwandle mich in einen frohen Fisch."
Gesagt, getan und Hoppladei -
nun Fisch - mein Leben sorgenfrei?

Ich schwamm runter, ich schwamm
rauf,
doch alsbald, da fiel mir auf,
dass das Wasser ziemlich dreckig war,
alles andere als frisch und klar!
Auch des Anglers Rute störte,
worauf ich erneut die Fee betörte,
um den einen Wunsche mehr.
Und kurz darauf - bitte sehr –
vom Fisch zum Vogel ich wurde,
erhob mich in die Luft und gurrte.
Doch man meint es kaum,
bald war er aus der Freiheitstraum.
Die Fabrikschlote stinken widerlich,
und nirgendwo ist ein Baum für mich.
Als Vogel keine Sorgen? - Ne!
Und schon war ich wieder bei der Fee.
Höllenkraft und Hexerei,
plötzlich war der Spuk vorbei!
Keine Magie, keine Fee -

Allein war ich an jenem See.
Unten der Fisch, oben der Vogel.
Dachte viel nach - ungelogen.
Sie sind viele - aber nicht frei.
Es war schlichte Einbilderei!
Die Menschen zerstör'n dem
Lebensraum,
und haben selbst den Freiheitstraum.
Ach! Warum soll`s den Viechern besser
geh`n,
als uns Besorgten, wie wir hier steh`n?
Und so ging ich weiter.
Zwar mit Sorgen, aber heiter.
Denn ich kann träumen - vor den
Sorgen fliehen.
Vögel und Fische aber nur die ihren
Kreise ziehen.

Eine Winterballade

Hell erleuchtet war der
Weihnachtstraum.
Schnee fiel, geschmückt war ein jeder
Strauch, ein jeder Baum.
Hatte sich der Herr das so gedacht,
als er das Wunder seines Kommens hat
vollbracht?

Nur einen einsamen grauen Ort vergaß
das Licht.
Ein Tag der Freude - nicht für sie
gedacht?
Wäre es vielleicht doch unsere liebe
Pflicht?
Es war doch die heiligste Nacht!
Pflicht! Pflicht! Pflicht!
Weihnacht' kümmert die Toten nicht!

Nur ein einsames Wesen auf dem
Friedhof stand.
Ergraut vor Trauer: dieser schleichend'
Macht.
In den Taschen ballend' die frierende
Hand,
verfluchte er die Tödlichkeit der Nacht.

Plötzlich, im Dunkel ward es hell.
Ein mulmig' Gefühl ihn überkam.
Das Licht so unnatürlich grell.
Wilhelm Schuster war des Mannes
Nam'.

Langsam schlich er sich heran,
Wollte sehen was des Lichtes Ursprung
war.
Zu Zweifeln er dann begann,
War sein Verstand noch rein und klar?

Ein leuchtend', wirrend' Wesen!
Nicht Frau, nicht Mann - viel, viel mehr.
Ist es einst ein Mensch gewesen?
Machte ihn die Trauer irr' und leer?

Das Wesen sich dann benannt,
als Geist der Weihnacht,
- ich hätte ihn nicht erkannt -
mit der göttlichen Macht.

Für einen Tag; Herr der Barmherzigkeit.
Heute war sie da des Wesens Magie
leider nicht all und ewige Zeit.
Wirkte sie noch oder nie?

Von dem eig'nen Zauber erzählt,
der Geist der nicht mehr glaubt.
Hat einst den Mensch' erwählt,
nun allen Illusionen ist beraubt.

Doch zurück zu Wilhelm Schuster nun.
Aufgab' zu zweifeln an dem was er sah.
Was hatte er heut an diesem Ort zu tun?
So legte er sein Leid dem Geiste dar.

Der Tod des geliebten Weibes,
ihn zum toten Lebenden machte.
Nur noch leer das Innere seines Leibes,
das Schicksal über Wilhelms Pein nur
lachte.

Gestorben vor genau einem Jahr,
seitdem war er ganz, ganz allein.
Kein neues Leben er mehr gebar,
musste diese Leid denn sein?

War denn das Barmherzigkeit?
Dieser Mann nicht am Irdischen hang.
Leben ohne das geliebte Weib.
Denket nach! Mir wird Angst und Bang!

Wilhelms Blick, war das wahr?
Der Geist nutze seine dunkle Macht,
die Gegangenen Schuster nun sah.
Auch die Toten feiern in der Heiligen
Nacht.

Ohne Angst, doch voll faszinierendem
Erstaunen,
er die Verstorbenen erkannte.
Waren das seines kranken Hirnes
Launen?
Wilhelm ihre Namen nannte.

Dann sie wirklich vor ihm stand:
Wie schön Johanna doch noch immer
war!
Freuend, gehend Hand in Hand.
Das verlorene Glück! Wie wunderbar!

Vereint tanzten sie, vergessen von der
Welt,
der Verstand, verloren in Dunkelheit.
Schuster endlich nicht mehr trauriger
Held.
Nicht mehr allein. Wieder zu zweit!

Auch der Geist erkennen musste,
und das zu später Zeit.
was er vorher gar nicht wusste:
Es gibt auch andere Formen der
Barmherzigkeit.

Für Wilhelm es kein Zurück mehr gab,
zu groß des Lebens Trauer und des
Einsamen Not.
Mit ihr wollte er gehen, seiner Wunden
Lab',
am nächsten Morgen fand man ihn
erstarrt und tot.

Widmung

Gewidmet jenem Kater, der genau wusste, wo es zu liegen galt, um den Schreibfluss maximal zu unterbrechen, dabei aber stets mit offenem Herzen empfangen wurde:

„Gekämpft bis zum letzten Tag,
sich dabei das Leben selbst bewahrt.
Nicht vom Tod überwunden,
nur dem Blick temporär entschwunden."

Ajoscha (Mai 2009 – März 2021)

Über den Autor

Andreas Herteux

Andreas Herteux hat seinen akademischen Werdegang in den Bereichen Betriebswirtschaft und Recht sowie Public Health mit den akademischen Graden Diplom-Betriebswirt (FH) und Doktor der Philosophie (PhDr.) abgeschlossen. Seine Publikationen wurden in insgesamt 10 Sprachen übersetzt.

Verlag

Erich von Werner Verlag

Birkenfelder Straße 3

D-97842 Karbach

Der Erich von Werner Verlag wurde 2016 gegründet. Er ist sowohl im Bereich der Fach- und Sachbücher tätig als auch in dem der Belletristik. Dabei sind wir international ausgerichtet und veröffentlichen mehrsprachig. Im Laufe der Jahre hat sich der Schwerpunkt der Publikationen durch die Kooperation mit der Erich von Werner Gesellschaft, deren Forschungsergebnisse wir in Buchform veröffentlichen, in Richtung der wissenschaftlichen Sach- und Fachbücher verschoben. Diese Zusammenarbeit lastet die Verlagskapazitäten in der Regel aus, allerdings wird unser Programm immer wieder durch die ein oder andere externe Perle ergänzt.

Im Jahre 2016 war der Erich von Werner Verlag für den Preis der bayerischen Kleinverlage nominiert.

Homepage:
https://www.erichvonwernerverlag.de/

E-Mail: Info@erichvonwernerverlag.de